어떤 날의 감정

박승출 시집

시인동네 시인선 227

박승출 시집

어떤 날의 감정

시인동네

시인의 말

겨울이 오고, 또 겨울이 가는 동안
나는 변화하지 못했다.
그러나 생각해 보면
내게 변화가 필요한 것도 아니었다.

그러나 다시 또, 변화가 필요했다.
겨울이 오기 전까진
변화가 필요했다.

2024년 3월
박승출

차례

제2부

제3부

제4부

제1부

그냥 이유

사는 데 이유를 찾으면 못살아

화가 많은 내 친구는 먼 나라의 노래를 좋아하고
유리창 안의 마네킹을 진짜 사람이라 믿는다
불쌍하다며 눈물도 없이 눈동자를 그린다
그러다 또 화를 낸다

그래 이해한다

여름에는 잡풀만 무성하고
겨울이 자꾸 뜨거워지는 이유
겨울에 눈이 오지 않는 이유에 대해

새벽기도 마치고 귀가하다 전원 사망

신은 숙었을까
처음부터 아예 없었을까

죽을 듯이 슬퍼하다가도 배가 고파
국에 말아 밥을 먹는다

그래 이해한다

잘살라는 말도 없이
애인은 떠나버렸고

어제 읽은 책은 제목도 기억나지 않는다
오늘은 다 읽지도 못할 책을 빌리러 또 도서관에 가고

어떤 날, 고양이들은 왜 미친 듯이 길바닥에 납작하게 눌려 있나
떠돌이 개들은 왜 길을 떠돌게 되었을까

지금 내가 보고 있는 별빛은
죽은 빛일까 살아 있는 빛일까

사과를 한입 깨물었는데
안에서 꼬물꼬물, 벌레가 기어나온다
벌레는 나를 이해할까

너에게 가는 길

눈길을 걸어서 무덤에 갔다
날이 추웠고
길이 미끄러웠다

꽃을 사 온다는 걸 깜박 잊었다
오늘따라 꽃집도 문을 닫았다
한두 번도 아닌데
길가의 꽃들도 땅속에서 빛나는 얼음이 되어 있을 줄 몰랐다

너를 찾아가는 길
너는 왜 매번 멀고 먼 산속에 누워 있는지

배가 고팠다
식당에 들어가 밥을 먹었다
김이 나는 따듯한 밥과, 따듯한 국물
식당 아줌마는 왜 추운 날 왔냐고 물었다
아무래도 식당 아줌마는 나를 기억하지 못하는 것 같았다

나는 밥이 맛있다고 말했다

꽃을 두고 왔다
빈손으로 너에게 갈 것 같았다

식당을 나와 눈길을 걸어 무덤에 갔다

벌써, 꽃보다 밥이 먼저라니

서글펐다
눈물이 났다
미안했다

사계

뭐 하냐고 묻길래
늙어가고 있다고 말했다

갑자기, 오늘의 계절이 궁금해서 창문을 연다
창문은 사계절을 담고 있다가
때가 오면 하나씩 내게 보여준다
먼지가 많이 묻어 있는 회색빛 풍경
오늘은 아무래도 비가 오려나 보다
눈이 내려야 하는 계절 위로

밥 먹기 전에 물을 끓인다
밥 먹는 습관 한번 고치기 힘들구나
먼저 간 사람의 미소를 보며 따라 웃는다
그렇다고 사는 일이 늘 슬픈 것만은 아니어서
이럭저럭 밥을 먹고
이럭저럭 잠을 자고

갑자기, 오늘의 계절이 궁금하지 않아도 창문을 연다

창문을 열어도 바다는 보이지 않는다

북극의 밤하늘은 다만 차갑고
텅 비어 있을 것만 같고
때론 그런 상상을 하고

아무래도 가끔은 잘못 든 길 위를 걷고 있는 것만 같고
기분은, 가끔씩 입에 칼을 물고 있는 기분
문득 문 앞에 죽어 있을지도 모르는
털이 까만 고양이, 떠돌다가 오늘 죽은
한 생을 고이 보내주고 싶은

다시 뭐 하냐고 누가 묻길래
죽어가고 있다고 말했다

감은 눈

내 눈은, 감겨 있다
발바닥만 졸졸 따라다닌다
세상 따위는 아무렇게나 굴러도 상관없고
나는 노래하고 춤추는 걸 좋아하지 않는다
좋아해서 좋아하지 않는다고 말한다
내 입은 성문처럼 굳게 닫혀 있고, 껌처럼 뱉어지지도 않는
다

게처럼, 나는 즐겨 옆으로 걷고, 뒤로도 즐겨 걷고
사물들은 내게 다가오다 멀어진다
사나움에 취한 개들이 나를 피해 멀리서 지나가고
오줌 묻은 전봇대가 지나가고
나는 천천히 걷거나 빨리 걷는다
빨리 걷다가 천천히 걷기도 한다
나는 나를 모르거나 조금 알고
내 걸음은, 담장 뒤를 돌아가거나
담장 위를 훌쩍 뛰어넘기도 한다

나나 세상이나, 기억은 기억에 국한되고
창문은 계속해서 닫혀 있고
성가신 일은 위험한 일
나는 나를 위로하지 않고

어느 날 듣게 되는 너의 부고
세상 모든 죽음들은 평안하고, 변함없이 구르고
비둘기는 바닥을 쪼고, 쪼다가 입이 더러워지고

길마다 가득한 고함 소리, 젊어서 죽은 사람들, 죽어가면서 웃고 있는 사람들

그러나 나는 생각이 많아서 일찍 죽지 못했으니
죽지도 못하고 늙어만 갔으니
눈물이 났다

나나 세상이나
설정된 선 아무것도 없고

흔들어도 흔들리지 않고

시간은 멈춰 있다
죽어가고 있다
나는 나를 위로하지 않고

일기예보

구름 위의 태양은 불안했을지도 모르겠다
지상의 일이 구름에 가려 잘 보이지 않는 날에는

비는 그칠 듯하면서도 계속해서 내린다
빗나가는 일기예보에 흥분하지 않는다

누군가가 고기보다는 채소를 먹어야 한다고 했다
무료한 날에 씹는 살점에선 목숨 맛이 났다

잠이 오지 않는 밤에는 학교 운동장을 뛰었다
아무도 없는 운동장
달빛이 걸음 걸음마다 스포트라이트를 비추어주었다
밤하늘을 올려다봐도
죽은 별빛과 살아 있는 별빛을 분간할 수 없는 밤

거리를 뛰어가다가 어깨를 부딪치지 않으려고
몇 개의 사소한 우음들을 가지고 다녔다
임기응변은 확실히 삶에 유용했나

오늘도 지하철 입구에선 예수천국 불신지옥을 외쳐대고 있었다
그런데 예수는 왜 하필 33세에 죽은 걸까

집에 오면, 신발장의 헐거움을 정리했다
흐트러진 걸음들을 정리할 때마다
신발장의 질서가 팽팽했다

햇살과 그늘 사이를 오고 가면서
산과 바다를 번갈아 좋아하면서

33세에 죽은 예수가 아직도 살아 있는 이유에 대해 생각했다

사람들은 왜 상상력만으로 신화를 믿는 건지
죽은 별빛들은 왜 아직도 오고 있는 건지

무지개의 빛깔이 일곱 개가 아니었다면

세상은 지금의 세상과는 많이 달라졌을까

일기예보에는 바람과 비와 햇살이 필요하고
더위나 추위나 우박
그 외에 기타 등등 같은 것도 필요하고

일기예보는 계속해서 이변의 연속이고

어제와 오늘 사이에서
나는 내일의 일기예보를 또 기다리는

이별의 이해

너의 우산이 되어줄 때의 그 그늘과
얼굴에 우울이 가득할 때의 그 그늘

오래된 그늘은 힘을 잃어 언제나 다정하지
새로 생긴 그늘은 너의 이마를 파랗게 적시지

너는 그늘이 많아서 참 좋겠구나
햇볕에 까맣게 구워질 일은 없겠구나

내 땀방울을 식혀주던 너의 손 그늘에 멍이 들기 시작할 때
나는 이별을 이해하기 시작한다

우리가 나누었던 밤들이 자정 무렵쯤에서 기울어지면
나는 낡은 식탁에 팔 베고 앉아 가만히 눈을 감고

어둔 밤 속으로 걸어 들어가서
한 번쯤은 새벽이 곤두설 때까지 뒤척이다 보면
밤과 낮의 색깔을 구별할 줄 알게 되지

밤이 오래오래 저물지 않네
이 밤이 지나면 우리는 영영 돌아오지 못할 것 같은데

하얀 밤, 하얀 어둠을 껴안고 울고 싶지 않다

그러니 내가 모든 기억에서 퇴장해도 문을 잠그지는 마

오늘의 밤은 오늘 저무네

아침이 오면 아침을 닫고 길을 나서자

물안개

쓸모없음은 빨갛게 그을린다
두 번째는 까맣게 타버린다
물안개가 무럭무럭 피어나는 오후
죽은 쥐들은 죽어서, 어디로 가는 걸까

사실 이런 의문이란
새로 산 지도가 오래된 지도라는 거
길과 집과 하늘과 땅이 물그림자로 번지고 있다는 거

그러니 어느 순간 한쪽 귀에서만 이명이 들린다면
지나온 시간들이 혀를 말고 깊은 잠에 빠진 거다
그렇게 마구잡이로 울다가
또는 가만히 울다가, 귀를 한번 쫑긋거려본다
뒤를 한번 돌아다본다

내가 사는 지역은 사람이 많구나
사람이 많아서 어깨를 부딪치며 걷는구나
쓸모없음이 길을 얼리는 순간, 순간들이구나

허공 속으로 돌을 던져 넣으면
아무나 죽어서 아무나 비명 소리 들려오는

아이는 자라서 무엇이 될까

길에서 넘어지면 어느 쪽 무릎부터 아파 올까

여름에 내리던 비가 겨울에도 내리네
겨울에 핀 꽃이 봄볕에 하얗게 시들어버리네

죽은 쥐들은 죽어서 가긴 어딜 가나
누가 데리고 가는 것도 아닌데
그럼 사라지는 거지

장마

비 그쳤다
검은 구름도 사라지고 있었다
여름은 알고 있을까
구름 속을 채워가는 텅 빈 공기
만질 수 없는 것들과 무게의 상관관계

살면서 내가 한 번도 저지르지 않은 일은 무엇인지
시작도 안 해보고 끝을 본 건 또 무엇인지
생각하면서
책을 읽다 말고 그림을 그린다

그림 속에선
머리를 단정하게 깎은 한 사내가 이층 창문 안을 엿보고 있다
창문 안은 어둡고
창문 안의 작고 검은 덩어리는
남자 같기도 하고 여자 같기도 하다
내 눈을 보고 있는 거 같기도 하고

내 눈 너머를 보고 있는 거 같기도 하다
모호하면서 이상하고
이상하면서 모호하다

광장에선 비바람이 더 거칠어진다
어제는 광장에서 비를 맞으며 비둘기들과 놀았다
논 건 아니고 일방적으로 따라 다녔다
몸이 따라다닌 건 아니고
더러운 바닥을 연신 쪼아대는 비둘기 주둥이를
혐오하며 눈만 꿈벅거리고 있었다
옷이야 젖든 말든 빗방울이 알 속에서
알몸을 타고 데구르르 굴러다니든 말든
눈이 따가웠다
의자에 쭈그린 채
콧물인지 눈물인지 끈적한 것이 만져졌다
바람이 불어가는 방향으로
머리가 자꾸 밀려갔다

그러고 보면 어제도 어제처럼, 또 어제처럼
아무것도 아닌 날들이 지나간 거였다
밤낮없이 지나간 거였다

여름 내내 내리던 비는
이제 더는 유리창 바깥쪽도 흐르지 않고 있다

어떤 여름도
어떤 비도
나는 나를 돌이키지 않는다

산책

앞코가 뾰족한, 소가죽 구두를 신고 걸었다
젠체하며 걸었다
오후가 금세 저물었다
저녁도 금세 텅 비어졌다

아무도 없는 것은 아니었다
빈 골목길을 걸어서 마침내
광장까지 오면 모르는 사람들을 만날 수 있었다
아는 사람들은 아는 대로 손을 조금 흔들었고
모르는 사람은 몰라서 좋았다

광장 의자에 나는, 잠시 앉아 있었다
날개를 길바닥 밑에 감춘 입이 더러운 비둘기가
발밑을 쪼며 지나갔다
유모차가 네 발로 기어서 지나갔고
자전거가 동그란 원을 그리며 지나갔다
너무 많은 겨울과 너무 많은 여름이 지나갔고
집을 나와 떠돌던 어린 날의 내가 지나갔다

더러운 화단에는 타다 만 담배꽁초가
꺼지지 않은 제 생을 조금 더 태우고 있었다

이 모든 하루의 일, 이 모든 오후의 일
나는 방해받고 싶지 않아서
나만의 산책길을 홀로 즐겼으니
비밀이 많은 사람이 되었으니
방금 죽은 고양이가 등 뒤에서 둥둥 떠다니는
이상한
이상해서 이상한

몸을 쭉 펴고 누워 있는 광장
저녁노을이 아름답지 않았다
피를 흘리지 않아서 이젠 아름답지 않았다
아무도 안 하는 질문, 오래 입속에서 굴리다
나는 늙어버렸고
어느덧 추억도 늙어버렸으니
앞코가 뭉툭해진, 소가죽 구두가 울었다

사거리 빨간 소화전 앞을 지나
얼마 전 간판을 새로 바꿔 단 정육점 앞에 다다르면
붉은 갈고리가 피를 다 빨린
머리 잘린 돼지 몸뚱이를 천장에 매달고 있었다
죽어서의 영광이 다 무슨 소용이람,
커다란 칼을 든 사내의 스포트라이트를 받으며 반짝였다

일렁이는 수평선

발자국을 따라 바다까지 간다
발자국의 흔적은 여기저기 뿌리를 내리고 있어 깊고 견고하다
한 발자국이 한 발자국을 덮으며 걸어간다

바다는 가야 할 곳이지만 가지 않아도 된다
이렇게 말하면 그건 진실이고
또 저렇게 말하면 그건 거짓이다

바다에 당도한 새들이
수평선을 그으며 멀리 날아간다
새들은 정말 공중에 발자국을 찍으며 나는 걸까
시인들은 정말 그 발자국이 보이는 걸까
보여서 보인다고 말하고 쓰는 걸까

비범하지 못한 세계에선
스스로 아름다워지기 위해 발자국의 흔적을 따라 바다로 간다

그렇다고 편지를 써서
유리병 속에 넣고 물에 띄우는 짓은 하지 말자
구질구질해서 식상하니까

여기서 죽으면 나는 여기 길가에 그냥 묻어줘
돌멩이 비석을 세워도 좋고 세우지 않아도 좋고
나뭇가지 비석을 세워도 좋고 세우지 않아도 좋아

한 만 년쯤 지나고 나면
한낮의 햇살도 지나가는 바람도
어차피 다 같은 어둠이야

이어달리기

어제를 어제에게 돌려주었다
오늘은 오늘에게
내일은 내일에게

시간에 사로잡혔다
시간을 눌러놓고 잠을 자면 나는 늙지 않고 영원할까

컴컴한 어둠이 커다란 벽 앞에 서 있었다
어둠은 어두워서 잘 보일 때가 있다
눈감지 못하고 죽은 개가 컹컹 짖었다
몸이 반 잘린,
살아 있는 개 한 마리가 쓰레기통 안에 널브러져 있었다

이런 시간들은 대체로 집과 집 사이의 좁은 길을 걸었다
장난감과 어린아이들과 열쇠 구멍은 너무 귀했다

어떤 지방에서는 파라솔 아래에서만 태양을 피했다
어떤 지방에서는 파라솔 아래에서도 해를 피하지 못했다

얼굴을 붉힌 채 고개를 돌렸다
밤의 노여움을 방해할 수 없었다

시간을 붙잡고 눈물을 흘리지 않았다

어제는 어제라서
오늘은 오늘이라서
내일은 내일이라서

다시 산책

밖으로 나오자, 오후의 태양이 강렬했다
타 죽을 것 같았다
누가 끓는 물을
머리 꼭대기부터 쏟아붓는 거 같았다

우리는 천천히 걸었다
햇빛의 폭격을 피해 그늘 속으로, 그늘 속으로
나 혼자라면 타 죽든 말든 빨리 멀리 걸어갔을 이 산책
여름날 오후의 상점들은 모두 지쳐버렸고
얼음을 파는 가게에는 얼음이 없고
우리는 피곤했고
우리는 목이 말랐다

돌아가고 싶었다 나 혼자라면
등이 땀으로 불쾌한
이런 후끈한 여름날의 오후 산책은 하지 않았을 텐데

그렇지만 이건, 저주가 아닐 거야

축복일 거야
위로일 거야

그러나 우리의 걸음은 바짝 메마르고
우리의 걸음은 어색하고
잡았던 손이 널브러져 있었다
손차양도 없이 서로의 코끝이 빨갛게 익어 가고 있었다

갑자기, 나는 만성비염이 도졌다
낭만적인 날들은 다 지나갔다고
생각했다

오늘의 기분

1.
밤은 둥글고
어둠은 어디에나 있다

오늘 밤엔, 벽이 한쪽으로 무너지는 기분

어제는 즐거웠는데
오늘은 인생이 흐려지네

옷을 한 장 더 껴입으면
목이 따뜻할까

떠돌이 개가 구름을 보며 운다

내가 그린 그림들 속엔
왜 색깔을 찾을 수 없을까

물은 탁하게 흐리고

젖은 붓이 딱딱하게 말라가네

2.

잠에서 돌아올 때마다
오늘의 기분은 갈 곳이 없다

벽을 열고
어제 그린 그림을 빨래처럼 넌다

구름이 다가와 비를 뿌리네

떠나간 애인의 눈물일까
비는 멈추지 않고

내리는 비에 애인의 콧잔등이
지워지네

3.

의자에 웅크리고 앉아
화투점을 보네

화투점에 운명을 맞기는 기분
목젖이 부풀고

한 번 떠나간 구름은 떠나간 구름
같은 모양으로는 다시 돌아오지 않고

이렇게 오늘을 기다리고 있으면
내일은 비바람이 불어올까

물 많은 구름 속으로
걸어갈 수 있을까

내가 그린 그림 속 애인이
나를 기다리고 있는 곳으로

제2부

어떤 날의 감정

1. 겨울

겨울에 비가 오는 이상함에 대해 침묵하자
몇 방울의 비가 한쪽 어깨를 다 얼리고 가는 저녁이라면
이건 오래전부터 내가 사랑했던 계절이니까
겨울에 태어난 바람은 거칠지만 아름다울 수도

그러나 너는 멀리 있고
너는 오지 않고
너에게 다가갈 길을 잃었다

2. 여름

맨발로 꿈속을 다니는 기분
하얀 여름이 시작되던 날이었다

비가 올 때마다 물에 삼기는 꽈노

어떤 날의 감정도 마구 흔들리지 않았다
물 위의 부력으로는 울지 않았다

여름 곳곳에
네가 다녀간 흔적이 남아 있다

3. 다시 겨울

겨울에,
추억이 있는 해변을 걷는 건 불행이지
제 앞날을 달력이 어찌 알까
나는 전염병을 앓고 있는 기분이야

해변까지 와서
바다와 파도가 부서진다

4. 다시 여름

인생이 망가지는 기분 따위는
알고 싶지 않다

손목을 그을까
불행은 왜 늘 완전할까

여름과 겨울은 왜 만나지 못할까

반달

밤을 잃어버렸다
어떤 말로도 설명할 수 없는 밤의 빛깔이란 게 있었다
그 빛깔을 덮고 죽고 싶었다

웃음을 잃어버렸다
웃음을 밤의 선물로 줄 수 없었다

기억은 맨발로 걷는 걸 좋아한다
기억은 맨발로 해변까지 갔다가
바다만 보고
돌아오지 않는 걸 좋아한다

녹슨 칼로 밤의 늑골을 팠다 하루에도 몇 번씩
깎인 뼈의 잔해들이 발밑을 굴렀다
어둑한 저녁, 너는 없고 그림자만 돌아다녔다

과거를 사랑하고
그림자를 또 사랑했구나

기억을 닫고
잠에 들면 열리는 신세계

어떡해도 기억은 팔아치울 수 있는 게 아니었다

늑골이 아파서 오늘 밤도 자지 못했다

슬픔에 대하여

0.

살아남지 못할 뻔했다

막내가 된다는 건 그래서 늘 위험하다

엄마를 만류한 건 아버지였다

나는 태어나지 못한 동생들에게 미안했을까

10.

구덩이 하나를 파놓고 들어가 혼자 웅크렸다

두더지 잡듯 누가 내 머리를 망치로 두들겼다

빗물인지 오줌인지 머리가 뜨거웠다

집은 찬바람이 떠다녔다

아버지는 얼굴이 잘 기억나지 않고, 엄마는 꼭 옆집 아줌마 같았다

20.

살기 위해 살고 싶었다

아무나 붙잡고 악수를 하고 통성명했지만
다음날이면 모두 나를 알아보지 못했다
청춘에 불 지르지 못했다

자동차에 치였습니다, 피가 분수처럼 뿜어져 나오네요
그건 분명 꿈이었지만
그건 분명 꿈이 아닐 수도 있었다

30.
얼굴 위로 빗방울이 떨어졌다
젖은 옷을 털며 너를 찾아가는 길,
누구는 열정이나 특권이라 말했지만
나는 아무래도 굴욕 같았다

편입되지 못한 시간 밖에서 돌멩이를 굴리는 일
강변 근처, 시멘트로 만든 딱딱한 계단에 앉아 눈물을 말리는 일

40.

고대 잠언집에는 풀리지 않는 수수께끼가 있었다
그중에서 제일로 궁금한 건 행복인데
자꾸 불행이나 절망으로 읽혔다

한 장소에 오래 머물지 못한 생은
바람만 남게 마련이다, 라는
뭐 이런 잠언

50.

얼굴이 나만 없는 건 아니어서 다행이었다
거리엔 얼굴 없는 사람들이 꽤 있었다
이목구비가 무너져 있었다

위안이란 그런 것이다

60.

과거로 돌아갈 수 있다면

기뻐해야 할까, 슬퍼해야 할까
뭘 하든 추억이 새로울까

내가 나에게 편지를 쓰는 밤, 후회의

70.
이별할 시간이 다가오면 침묵해야지
눈을 딱 감아야지

아직 살아본 적은 없지만
모든 다 짐작할 수 있는 미래

슬픔은 그런 것이다

이름

너를 만났다
집으로 가는 버스 안에서

오늘은 조금 더 멀리까지 가보자

이름을 바꾸려고
옛날을 찾아 헤맸다
입에 달콤한 이름들은
이미 너의 이름이었다

사전에는 왜 내 이름이 나오지 않을까
화단 풀숲에
유리창 표면에
세탁기 안쪽에
책장 구석에

다르게 살아보려고
전염병을 앓지 않으려고

불을 켰다
온몸으로 그림자를 만들었다
그림자는 내 이름보다 크고 길었다

조금 더 멀리까지 가지 않아도

나를 만날 수 있었다
집으로 가는 버스 안에서

나는 이름에다 낙서를 했다
이름에서 갓 지은 잉크 냄새가 났다
빨간색 여름이었다

질투의 묘미

네가 커질수록 나는 작아지지

유리창을 통과하는 햇볕이 보이지 않는다고
억지를 부리며
복도 끝 어둠 속에 서 있었다

천장 금 간 틈 사이로 햇빛이 새는 소리

어둠 속에선 밝은 햇살이 잘 보이지
물론 그건 진실이고

옥상에서 떨어진 아이는 죽지 않았다
떨어질 때 옆구리에서
날개가 잠시 돋아났다고 했다

물론 그 말을 믿지 않지만
그건 다행이었고
운동장은 공사 중이었다

포클레인이 갈라진 땅을 메우고 있었다

오늘은 뭔가 다른 생각을 한번 해보자

옥상에서 아이를 민 건
내가 아니지만
내가 민 거 같았다

눈물을 한번 흘려보자
억지로라도

13월

1.

당신에게선 아직 소식이 없다

그런 이유로 나는 하늘을 향해 두 손을 모으지는 않는다
신을 생각나게 하는 그런 건 아주 오래전에 잊었다
폭설이 되지 못하는 눈들이
가끔 흩날렸다
정시에 우체국 직원이 문을 닫았다

2.

2월에는 기차를 탔다
떠났다가 돌아오기 위해서
또는 돌아오지 않기 위해서

옆에 앉은 사람이 바라보는 바깥 풍경을
바라보지 않기 위해서
눈을 감고
나만의 어둠 속으로 가라앉기 위해서

3.

3월에 꽃이 핀다는 말은
모두 거짓말이었다
어떤 꽃들은 3월에 죽었다

나는 겨울옷을 빨아 옥상에 널어놓고는
성급하게 추웠다
후회 따위나 하며
꾸역꾸역 밥을 먹었다

4.

당신에게선 아직 소식이 없다

쌀독에 쌀벌레가 들끓었다
다 잡을 수는 없었다

5.

당신이 내게 했던 모든 말들을
한때의 추억이고 싶었다
그런 맘이 다행이었지만
혼자 앓는 밤에는 병이 되었다
당신의 소식 대신
어디선가 죽음의 통지서가 빠르게 날아오고 있는지도 모르겠다고
생각하는 육체가 또 슬펐다
밤이 길고 지루했다

6.
태양이 지붕 근처까지 내려오고 있었고
창문을 열면 먼지가 날아왔다
쌓인 먼지를 보면 외려 마음 편했다

무덥고 끈끈한
하나의 독립적인 계절이 다시 시작되는 6월
문밖을 나서기가 무서웠고

다가오는 햇살이 무서웠고
문 안에 갇혀 있기도 무서웠다

7.
시간은 지겨운 하루처럼 빨랐다
뮤잘 비슷한 걸 몇 개 썼다
행간들이 모두 죽어 있었다

비가 내려야 할 계절 위로
축축한 땀이 흘렀다

8.
슬픔을 억누를 수 없을 때가 있었다
삶이란 곪아 터질 때까지 앓다가 종내는 죽는 것이었다
자살은 아름다울 수 있을까
이른 죽음은 늘 신비로웠다
그러나 나는 너무 늙어 있었다 그것이 또 슬펐다

며칠씩 비가 내리는 날이 있었다

당신에게선 아직 소식이 없다

9.
문상을 다녀오는 길이었고
그는 병에 걸려 짧은 일생을 마쳤다
무진장 아름다웠다고 말하고 싶었지만
무진장 아름다웠는지는 알 수 없는 일이었다
그런 일이 있었고, 그런 생각을 했다

다시 기차를 탔다
옆에 앉은 사람이 바라보는 창밖의 풍경을
바라보지 않기 위해서
눈을 감고
나만의 어둠 속으로 가라앉기 위해서

10.

기다림은 언제 끝이 날까
어둠이 깔린 새벽을 헤매다 돌아왔다
그런 기분으로
책상에 앉아 밀린 숙제를 했다
행간들은 여전히 혐오스러웠다

11.
어쨌든 은행잎들은 떨어져 내렸다
은행알을 주우려고 사람들이 모여들었다
거리엔 노란 똥내로 가득했다

나는 한동안 친구들을 잊고 살았다
겨울이 더 깊어지고 있었다

12.
달초에는 우체국에 가서 편지를 부쳤다
우체국 직원은 벌써 몇 년째 내 편지를 부쳐 주었다
그때마다 씩 웃었다

영수증으로 학을 접었다
너무 작아 잘 접히지 않았다
다시 비행기를 접었다
비행기 날개가 꾸깃꾸깃했다

저녁이 오는 소리

저녁은 어둠을 닮아간다
어둠의 모양대로 자란다

당신과 눈이 마주쳤다
당신의 눈 속에서
충혈된 빨간 나무 그림자가 일렁였다

저녁에는 추억이 많지
저녁은 빨리 오고 긴긴 어둠 속을 걷지

꿈속에서 당신을 만났다

시간이 무섭다는 생각
추억이 사라지는 소리

나는 가끔
나를 연습하러 바다에 가곤 한다

젤리

오늘 죽지 못하고 내일 죽으면 행복할까
나는 그림자를 벽에 걸어놓고 잠을 자는 사람
쓰러진 술병 사이로 밤이 지고

곧 통증이 시작될 거에요
하루 밤과 하루 낮이 차가워질 거에요

어제는 약을 타러 약국에 가다가
풀숲에 숨어 있는 고양이와 눈이 마주쳤다
천둥이 울리고 번개가 쳤다
고양이는 알 수 없는 날들과 함께 죽은 고양이였다

기다리지 말아요
기다리지 않아도 기다리고 있는 거예요

길가의 꽃들은 흔들리면서 흔들리면서 피어 있다
바람이 등을 밀고 있다

오늘 죽지 못하고 내일 죽으면 행복할까
나는 자다 죽는
행복한 꿈을 꾸는 사람

어디서 바람이 불어오는지 아는 사람

걸어가는 사람

멀리서 보면 언덕 위를 걸어가는 사람
꽃잎 휘날리며
궤도를 벗어난 신발 속의 발목은 아름답다

벽의 근황 따위는 궁금하지 않다
배가 고플 때마다 담을 넘었다
손목을 긋지 않았다
나는 유일무이한 존재도 아니고
사랑이 많은 사람이니까

달은 언제까지 지구 주위를 돌까
반달은 왜 반만 달일까
이런 뻔한 의문은 책의 제목이 될 수 없다
바닥의 내용은 감춰져 있고
뜨거운 눈물도 흘리지 않는다

내가 죽으면 누가 나를 기억할까
이런 의문이야말로 길게 이어진다

모든 것들이 빛을 드러내기 시작한다
모든 것들이 어둠을 드러내기 시작한다

내가 죽으면
누가 나를 무덤에서 꺼낼까

아침을 열면, 밤이 곧바로 밀려온다

심장에서 떨어지지도 않고
공중의 잎들이 휘날린다

내일이 와도

한 번도 본 적 없는 바닷가 노을이 보고 싶다
내일은 와도 아프지 않다
노을은 언제나 거기 있고
기차를 타지 못한다

정확히 죽는 날짜를 알 수 있다면
삶이 지루하지는 않겠지

제발 약 좀 달라고 노인이 말했다

어떤 심정이었을까
또, 그 눈빛은

여기서 바닷가 노을까지의 거리
발목을 망가뜨리지 않고 닿을 수 있는 거리
발목을 망가뜨리지 않고는 닿을 수 없는 거리

여름은 길을 잃는다

여름은 겨울을 만나지 못한다
봄은 가을과 입는 옷이 비슷해서 서로를 모른다

스치듯 보았을 뿐인데, 선명하게 기억나는 얼굴이 있다
나는 그 계절들을 알고 있을까

저녁 6시의 기다림

이 방에는 누가 사는 걸까
아침에 나간 여름이 저녁이 다 되도록 돌아오지 않고 있다

시름시름 앓다가 죽지는 않겠지

낮부터 잠을 잔다
자다 모기에 물린 자리가 빨갛게 부풀어 오른다

그때 누가 문밖에서 부드러운 목소리로 말하고 있었다
문도 잠그지 않고 잠을 자는구나
모기에 물린 자리를 긁다 일어나니 저녁이었다
나는 아직 꿈 밖으로 나오지 못했는데
꿈의 쇠창살을 손목에 감고 있었는데

어둠이 밀려오는 속도는 밤의 속도보다 빠르다
여름의 저녁 6시와 겨울의 저녁 6시는 다르지
오늘이 지나면 내일부턴 겨울이다

겨울에 내리는 눈은 마약 가루 같은 거야

낡은 방 낡은 그늘 속에 누워
거꾸로 뒤집힌 낮과 밤을 질주한다
곡선으로도 오지 않는 너를 또 기다린다

밤은 우리를 훔치는 도둑들

밤은 나를 기다리지 않고 제 갈 길 간다
진지해서 웃음만 나온다

어제는 현실적인 꿈을 꾸었다
좁은 골목길을 돌고 돌아서
노인들이 잠들어 있는 마을로 갔다

죽음이
죽음을 반기지 않는 자들 옆에 누워 있었고
어둠이 무덤 주위를 빙빙 돌고 있었다

그러나 오늘의 죽음은 하나도 슬프지 않다
내일은 죽지 않는 죽음이 태어날지도 몰라
새로운 죽음을 발명할지도 몰라
눈을 가느다랗게 뜨고
찬물을 한 컵 부어준다

어둠은 밤의 하수인

세상에 손쉬운 상대가 어디 있나

한 번도 가본 적 없는 어둠 속을
어디로도 가고
어디로도 가지 않고

뼈만 남은 슬픔을 불태운다
타고 남은 재는 바람에 묻어준다

밤은 우리를 훔치는 도둑들

떠날 때는 뒤를 향해
고개를 돌리지 말자

모자

옥상에서 바닥과 대결할 때
내 소매 끝을 붙잡은 건 햇빛이었다
구름 사이로 잠깐 내민
혀에 돌기가 숭숭 달린 햇빛이었다
해는 혀를 길게 늘여 나를 핥았다
삶이 까칠했다

나중에 알았는데
사람들은 그걸 한 줄기 햇살이라고 불렀다

제3부

안부

증오를 감추면 얼굴이 무뎌진다

안부를 묻는다는 건
누군가의 흔들리는 여백 속에 남아 있던
흔적들을 기억하는 일

편지를 쓴다
지구를 한 바퀴 돌아온 햇살이
머무는 아침 창가에서

유리창에 지도를 그리는 버릇이 사라졌다

이야기가 없는 아침은 빨리 녹았다

내 상상은 지구 반대편에서 다시 시작된다

오월 어느 날

1.
오월의 첫날이었다
누가 말을 걸어주었으면 했다

고요와 침묵이 태어났다
고요와 침묵은 무럭무럭 자라서
밤에는 캄캄한 어둠이 되었다

2.
심심해서, 밤에 그네를 타고 있었는데
뒤에서 고양이가 자꾸 울었다
뒤돌아보니 고양이가 아니라 죽은 고양이 그림자였다

3.
아스팔트가 뜨거워지고 있었다
창문을 내리면 아카시아 향기가 콧속을 뚫고 지나갔다
눈동자가 까만 안경을 걸치고 동네 한 바퀴 돌았다
바다까지 갈까 하다가 가지 않았다

집으로 와 밥을 먹을 때마다 짠내가 났다

4.
약속도 하지 않았는데
수요일에는 비가 왔다
집으로는 들어오지는 않고 문밖을 서성였다
평일에 오는 비는
처음 본 손님 같았다
손을 내밀면 손이 젖었다

5.
오월 어느 날에는
북극 얼음이 맹렬하게 녹고 있다고
짧은 치마를 짧게 입은
여자 아나운서가 웃으며 일러주고 있었다
북극여우도 제 몸의 옷을 갈아입고 있다고
북극곰도 제 새끼들과 함께 조각난 얼음 위를 둥둥 떠다니고 있다고

그러나 북극을 볼 수 있는 건 상상뿐이어서
나는 그림을 그렸다
상상보다 더 맑고 더 명랑한 그림을

6.
그리고 그날은, 또 오월이었을까
그날 나는 무엇을 하고 있었을까
창문을 활짝 열고 영혼도 없는 내 영혼을 하늘로 날려 보내고 있었을까
작년에 죽은 사람을 떠올리곤 눈물을 흘리고 있었을까
후회가 많아 시간을 뒤로 돌리고 있었을까
대낮부터 잠을 자고 있었을까

7.
지구본을 돌리며 놀고 있었다
한번 돌기 시작한 지구는 멈추지 않았다
누가 말하길
30억 년쯤 후에는 지구도 돌기를 멈춘다는데

곰곰 생각해 보면 30억 년이라는 시간은
그다지 긴 시간 같지는 않았다

그날은, 누가 말을 걸어주었으면 했던
오월의 마지막 날이었다

순수의 벽

한밤중에, 벽이 조금씩 무너지고 있었다
벽은 박제된 맹수의 이빨처럼 원래 거기 있던 벽일 수도 있고 아닐 수도 있고
누가 몰래 세워놓고 간 벽일 수도 있고 아닐 수도 있다
가까이 다가오는 것들을 밀어내며
어둠 뒤편에서
숨죽인 듯 조용히 무너지고 있는 벽

그러나 무엇이든, 아무래도 상관없는 것일까
나는 무너지는 것들을 믿고 싶다
그리고 지금은 오지 않는 것을 보고 있다
전화선이 끊긴 공중을 수선하며
이 세상 이야기를 모두 농담거리로 만들어버리는 어둔 밤을 혐오하며

자정을 넘어 시간이라는 초침 아래로 힘없이 내려가고 있다
자꾸 뒤를 붙잡는 그림자를 떼어내며
기억 속에서,

기억 속에서 내일을 소모하며

나는 벽 뒤의 그림자나 훔쳐보는 한낮 관음증 환자가 되어가고 있었다
내일 밤이 태어날 수 있도록
비틀거리며 걷는 술주정뱅이
무엇이든 왜곡되지 않기만을 바라는 바보천치가 되어가고 있었다

대결

창밖이, 소란스럽다
나는 다가가 창문을 닫는다
세계의 한쪽이 잘려나간다
소리가 사라진 트럭이
매연을 길게 내뿜으며 달린다
세상은 움직이지 않는다
방안의 어둠은 더 어두워지고
방을,
어두운 방을, 나는 둘러본다
오래된 책장 속의 오래된 책들
시력을 잃어가는 문장들
문장 옆에는 낡은 거울이 있고
거울 옆에는 낡은 침대가 있다
거울은 나를 혐오하고
벽에는 낡은 겨울 외투가 걸려 있다
외투는 여름에도 무겁게 걸려 있다
삐걱이는 낡은 침대는 내 잠을 빼앗아가고
낡은 침대 옆에는 낡은 책상

책상 서랍 속에는 연필이 있다
연필은 나를 만나기 위해
얼마나 오래 문을 닫고 어둠 속을 굴렀을까
연필을 손에 쥐면 무엇이든
세계의 전부가 그려지는 상상,
또는 환상
그러나 그건 그리다 말아도 좋은 상상이고
그린 걸 지워도 좋은 환상이다
연필은 제 살을 깎아 풍경을 짓는다
다시 창문을 연다
거리가 흩어지고 세계가 흩어진다
창문을 닫는다
내 몸의 한쪽이 잘려나간다
나와 세계는 반복된다

작은 노을 큰 노을

너는 왜 별빛보다 별을 더 사랑한 거니
별이 빛나서 사랑을 잃은 거니

그러고 보면, 몸보다 내가 더 빨리 늙어갔구나
사랑보다 더 빨리 이별했구나

오래 빨리 늙어가느라
부서진 밤의 뼛조각을 이어붙이며
한쪽이 무겁게 가라앉았구나

우주는 별을 먼저 만들었을까
별빛을 먼저 만들었을까

말썽 많았던 하루가 또 몸서리치네

뒷모습만 잠깐 보여주고 떠난 사람
나는 사랑을 먼저 약속했을까
이별을 먼저 약속했을까

시간이 흐르는 걸 본 적 없다고
마음먹기로 한다

큰 노을 옆에 작은 노을
이미 보이지 않는다

독서하는 밤

인생이 싫어지는 날에는 밥 대신 약을 먹는다
낮에는 울지 않고 밤에 운다
꾸역꾸역

어떤 사람이 내게 책을 한 권 준 적 있다
아무 일 없는 듯이 툭 던져주고 간 적 있다
나는 완독을 꿈꾸는 사람
권태를 믿지 못해서 책 속에다 그림이나 그리는 사람
그림이 추억이 되고, 추억이 그림이 되는 마법을 믿으며

밤을 읽고 밤을 상상하는 사람

또다시 안개가 밀려온다 안개가 밀려오며
밤을 하얗게 지운다
생각이 무럭무럭 자라서 끝이 보이지 않을 때까지

인생이 싫어지는 날에는 골방에 처박혀서
책을 읽는다

사랑했던 사람의 사랑했던 콧잔등을 떠올린다

마디 없이 까만 밤
새벽이 사라지고 없는 밤에

기다리는 동안

의자에, 나는 앉아 있었다
생은 어차피 기한이 정해져 있는 거고
내가 상관할 일도 아니고
의자는 내가 무거운지
삐걱이며 오래된 신음 소리를 낸다
나는 왼손엔 연필 한 자루
입에는 담배를 물고
어제 읽다 만 책을 넘겼다
그리다 만 그림을 그렸다
어둔 밤들이 조금씩 더 부푸는 새벽
벽에 못을 박고
나는 나를 풍경처럼 걸었다
눈을 감았다 떴다
반복하면서
밤이 끝나기만을 기다렸다

사랑은 구름 위에 앉아 있는 바람 같아

사랑은 구름 위에 앉아 있는 바람 같아
사랑할수록 멀리 가는 건 저녁뿐이야
나는 창가에서 노래나 부르다 늙어버렸지
네가 어디쯤 왔나 이젠 기다리지 않기로 했어
내가 늙으니까 기다림도 늙어버렸지
사랑은 부축받으며 걷는 걸 좋아하지
감출수록 추억이 새로워
그 힘으로 말도 안 되게 오래 살았지
오후에 산책을 하다가
죽은 나무가 있길래 그 곁에 앉아 있었어
나무는 죽어서 평온하고
죽은 나무 꼭대기에 앉아서
새는 하루 종일 노래를 하네
그게 노래가 아니라 연습이라는 걸 아는 데
나는 평생이 걸렸지만
나는 허리가 아파 오래 앉아 있지도 못했어

무기력에 대하여

우리는 땀도 흐르지 않는 일들을 하곤 했다
그건 죽어가는 거야, 누가 그렇게 말했을 때
우리는 한쪽 팔걸이가 떨어져 나간 의자에 앉아 오후 내내 졸았다

하루는 눈치가 재빠르다
그 하루는 뒤도 돌아보지 않고 내일을 향해 앞으로만 달린다

산다는 일에
여름이면 어떻고 겨울이면 또 어떠할까

비가 오면 눈밭을 구르고 싶다고 말했다
눈이 오면 비에 젖고 싶다고 말했다

큰 나무 옆에서 잡풀 뽑는 일이나 했다고
그때 어떤 새가 하늘에서 똥을 싸고 갔다고
일터에서 밤늦게 돌아온 친구가 웃으며 멋쩍어하네

비가 내려야 바퀴 자국이 선명한 거지
어둠이 있어야 밤도 완성되지

강물이 거꾸로 흐르는 걸 보고 싶었다
내일 하루 더 살고 싶은 이틀살이가 되고 싶었다

죽은 친구를 불러다 앉혀놓고 안부를 물을 수 없었다

저녁이 올 때까지

한쪽 다리가 짧아졌다 그림자가 뒤뚱거렸다 오후가 늘어지고 있었다

쉬어 갈까, 잠시 망설였다 바쁠 건 없었다 나무 의자가 다리 세 개로 버티고 있는 중앙공원에서였다

공원 바닥에선 비둘기가 늘 바닥을 쪼고 있다 새삼 더러운 입에도 충격받지 않았다

배가 고팠다 뒤로 걷다 모르는 사람의 발을 밟고 말았다 욕과 따귀를 맞고 비틀거렸다

교회에 갈까 잠시 망설였다 바쁠 건 없었다 막다른 가게에는 늘 손님이 없고, 물건도 없고, 사고 싶은 것도 없었다

저녁이 올 때까지 걷고 또 걸었다 걷다가 무엇도 기다리지 않는 사람의 눈을 문득 보았다 눈알이 노을처럼 빨갰다

오늘도 어제처럼, 걷다 보니 어제만도 못한 저녁이 쏟아지고 있었다 나는 추억만도 못한 놈이 아니라, 추억도 없는 놈이었다 절에 갈까 잠시 생각하다 가지 않았다 바쁠 건 없었다

'지구의 어느 이름 없는 곳에선 먼지가 왕'이라는 말이 생각났다

밤과 낮 사이

아침은 불행하고 저녁은 우울하다
어떤 기분이라는 늪에 빠지지 않기 위해 일터로 간다

천장에 나사를 박는 동안에도
나의 세계는, 시간을 버리러 자주 기차를 탄다
그러나 어디든, 바다에는 또 가지 못한다

창문 밖에는 나뭇잎들이 빛을 잔뜩 머금고 있다
그 빛을 보고 있으면 그 빛에 내가 녹는 기분

저녁에는 책 한 권을 완독하고
아침에는 문장 한 줄도 기억하지 못한다

눈이 내리지 않는 날들이 길어지고
어떤 기후에는 예보도 없이 눈이 비로 바뀌어 내리기도 했다
허공에 매달렸던 어떤 사람은
허공에서 끝내 내려오지 않았고

아침이 저녁을 불러세운다
일기예보는 오늘도 빗나간다
장롱 밑에서 죽은 바퀴벌레가 화들짝 발견되기도 한다

나는 아침에도 고립되고 저녁에도 고립된다

주머니에 손을 찔러 넣고 사람들이 아직도 살고 있다는
사거리 쪽으로 밤 산책을 나간다
나가 본다

밤의 실루엣

아침 창가에는 햇살이 가득하다
밤에는 공중에서 얼어 죽은 새를 보았다

희망이 부르는 너무 많은 절망들

어제는 하루 종일 밤만 있었다
아침으로 가려는 나를 어둠이 물고 놓아주지 않았다

붙들린 채, 나는 잔인한 습성을 배우지 않으려고
귀에서 흘러나오는 누런 고름을 닦았다
춤추면서 울었다

우리는 낮과 밤의 이방인들이야
어디로도 흘러가지 못하는
늘어지는 그림자야

누가 죽을 때마다 눈물을 흘려야 하는 뻔한 형식처럼
저녁이면 땅 밑으로 떨어져 죽는 못난 태양처럼

당장 사라져도 이상하지 않은
오늘이 어제보다 빨리 지나가는

눈이 썩어야 몸이 썩는 거야, 라는
이상한 말을 남기며 간

나는 너를 기억하는 사람이다
우연에 맞아 죽지 않으려고 애를 쓰는 사람이다

색연필

어떤 내일도 기쁨이 없네
아침부터 술주정뱅이가 되어가는 기분이 낯설지 않고
나는 어떤 길의 과정을 이해하고 있을까
필사적으로도, 나는 살지 못하고
내일은 또 무슨 일이 일어날까
진흙을 구워 형태를 잡을 때
신은 나의 자세를 예견했을까
신의 몰락을 보면서 나는 눈물을 흘렸지만
지금도 여전히 돌아서서 눈물을 흘리고
어떤 내일은, 내 말을 이해할까
신적인 존재가 되자고 한 건 아니었다
모래밭을 구르는 노을이 되자고 한 것도 아니었다
나는 나를 기어이 모르고
어떤 내일도 기쁨이 없네
나는 내 삶의 과정을 이해하게 될까

제4부

거짓말

생각을 하면 유리창이 맑아진다
풍경이 다가오고 한낮이 길어진다
무엇이든 이유 없이 낭비되지 않는다

날마다 거울을 보며 죽음을 흉내 냈다 영혼을 철사처럼 구부려서 바닥에 눕혔다 날아오르는 새의 날개를 부러뜨렸다 사랑하는 사람을 멀리 떠나보냈다 울적한 기분에 목숨을 걸지 않았다 밤을 걸어서 갔다가 새벽에 돌아왔다 배고프지 않아도 밥을 먹었다 저주를 퍼부으며 땀을 흘렸다 사랑에 굶주리지 않았다 세상의 멸망이 무력한 자에게는 좋은 미래였다 여름의 헛소문이 겨울에는 얼음이 되었다 최소한의 예의라는 건 최소한의 예의도 없다는 것, 날이 열리기도 전에 입이 먼저 열렸다 내 존재들은 허공을 향해 쑥쑥 자라났다

어떤 날의 감정은, 나를 나로 만들었을까
기분이 좋지도 나쁘지도 않았다

밤의 기울기

하나의 밤이 지나면 또 하나의 밤이
검은 밤이 검은 밤을 덮기 위해
하나의 목소리가 또 하나의 목소리를 덮기 위해

너의 끝은 나를 시작하게 한다
너의 시작은 나의 고통이고
나의 시작은 길이 없으니
이제 우리 서로의 눈을 감겨주자

말갛게 씻은 얼굴로 잠에 들자
밤이 보란 듯이 달 하나를 내 이마 위에 띄우는

먼 길을 구불구불 걸어서 돌아오면
비로소 밤이 저무는

죽은 꿈과 산 꿈을 잘 섞어서 하나씩 나눠 갖자

밤의 한쪽을 잘라내고 나무를 심자

어둠이 빨리 저물도록

나의 죽음은 너의 죽음
모든 죽음은 뿌리에서 비롯되고

어떤 하루

어떤 날 아침, 창밖을 보고 있었는데
눈과 비가 흩날리듯 섞여 내리고 있었는데
그건 마치 눈과 비가 오늘의 기후에 적합하다고
서로 싸우는 것 같았는데

나는 담배를 피우다 그만
불을 내고 말았다

밖으로 나가 온종일 웃고 다녔는데 눈물만 나왔다
햇볕이 좋은 날이었는데 그늘이 우중충했다

만나자던 사람은 만나지 못했고
걸어도 걸어도 집이 보이지 않았다

왼손은 오른손을 따라 무작정 흔들리고만 있었고

악마가 천사에게 속삭이는 말처럼
내가 나에게 속삭이면

어제 아침으로 다시 돌아갈 것 같았는데

집 앞 가로등에
달이라도 뜰 것 같았는데

달이 뜨는 공원묘지

달이 떠오르고 있다
공원묘지의 불이 켜지고
나는 걷는다

밤의 묘지는 푸르게 일어선다
죽은 자들의 눈이 뜨이고
죽은 자들의 입이 열린다

나는 그의 한 생애를 생각한다
일찍 죽은 자의 생이란
여전히 신비로운 것이다
짧았던 그의 생몰연대
비밀이 신화를 낳는다

나는 죽음을
흉내 낸다
몸에서 시궁창 물 빠져나가는 소리 듣는다
서서히, 나는 눕는다

내 몸속을 걸었던 길들이 보이지 않고
나는 지워진다

그리고 어느 날,
누군가 내 무덤 위를 걷는다
내 초라했던 한 생을 신화로 깨운다
나는 마침내 다시 살아나는 것이다

아침이 몰려온다
달이 진다
공원묘지의 불이 꺼진다

봄 꿈

무엇을 예감했는지 너는 나를 찾아왔다
봄을 찾으러 간 겨울은 돌아오지 않고 있는데
어제 빤 옷이 오늘도 마르지 않고 있는데
너는 나타났다 사라지기를 반복한다

허공을, 목에 매달고 죽는 꿈이라도 꾸었나
바닥을 붙잡고 엉엉 울기라도 했나

약을 파는 가게도 문을 닫았고
머리 위로 찬비가 쏟아지는데
불 켜진 집과 집 사이를 걸어서
이끼가 번진 담벼락을 건너서

이미 죽은 개가 죽으면서
뱉어내던 말들을 떠올리면서

목덜미에 칼을 긋는 아침을 상상하면서

밤에, 이 밤에
주방에서 물을 끓이고 있는 나를
삼킬 수도 없고 뱉을 수도 없는 어둠을 먹고 있는 나를

너는 또다시

속삭임

멀리 걸어간다고 집이 나올까

이제 이야기할 때가 됐다
이 말 하려고 아침부터 너를 기다렸다
아니 어쩌면 어둠이 시작하는 곳에서부터 너를 기다렸는지
도 모르겠다

어둠 속 가로등 밑에서 누가 운다
까만빛을 머리에 이고

어린 날에
나는 내게 어울리는 길을 찾아 헤매다가
길을 잃어버린 적 있다
늙은 엄마가
밤의 풍경 안쪽을 응시하고 있었다

그 엄마는 나를 안아주지 못하고 떠났다

나는 화가 났고
나는 이유를 찾아 여기까지 왔지만
이제 영혼이 내 몸에서 빠져나가는 소리를 듣는다

날은 벌써 차갑게 저물었다
내가 보는 창밖의 나무들은 모두 종이 다르고
사는 날들도 다르고

그리고 나무들은 이제 고요하다

멀리 걸어간다고 끝이 보일까
이제서야 이 이야기를 너에게 한다

화석

추억을 발골하면 뼈만 남겠지

시간은 달콤하지 않다
이후의 시간들이 길게 이어지는
오늘이라는 어제
내일은 시작되지 않고

다시 오지 않는 사람
다시 오지 않는 시간

지구가 종말을 맞이하는 속도로
다시 꽃은 지고

내게 한 약속들은
어느 미로 속을 헤매고 있나

노을 끝에서 걸어온 사람
노을 끝으로 걸어간 사람

따라 걷기

어디서 예배당 종소리가 나직하게
나직하게 들려오면 경건해지는

이 삶의 홍얼거림
뜻 모를 흉내 내기

어제 저녁에는 창문이 열려 있었는데 달빛이 창 안으로 들어오지는 않고 숲 근처를 서성이고 있었다 숲에는 새들이 나뭇가지 위에 일렬로 앉아 침묵한 채 바닥만 내려다보고 있었다 노래도 없이 날개도 없이 위태로웠다 나는 그게 꿈인지 현실인지 분간할 수 있었다 꿈이면 다행이고 현실이면 더 다행인 꿈

친구는 오늘도 손을 흔들고 있다
앞서 걷는 친구의 얼굴이 이젠 잘 기억나지 않는

나는 불안하고 우울하지만
불빛을 향해 뛰어들지는 않는다

내일의 색깔

기다림이 자정에 닿으면 어둠은 무슨 색일까

불면이 나를 지탱한다
끝이 뭉툭한 연필 한 자루 손에 쥐고서
어둠을 꽝꽝 칠한다
어둠이 잠시 환해지고, 또 환해지면

자정의 종소리는 오늘일까 내일일까

밤에 하는 사색은
흔들리는 그림자를 멈추어 세우고
어둠을 잘 접어 두었다가 어둠 속에 펼친다

그러나 내일은 내 것이 아니어서
이렇게도 내일은 또 오고

자정에, 까만 자정에
나는 어둠을 하얗게 지우다 통째로 엎질러지고

밤은 방향을 또 잃고
기다리는 자의 눈에서 눈물은 흘러나오고

물이 증발하는 순간에도 색이 있다는데
어둠이 자정을 넘어가면 기다림은 무슨 색이 될까

오늘을 덧칠해도
내일을 꽝꽝 덧칠해도

안개 낀 날

너를 만나면 무슨 말을 먼저 할까

어디서 흔한, 비 냄새가 난다
그 비를 맞으면 나는 그 비에 흠뻑 젖을까

나를 버리고 떠난 사람은 떠난 사람
아직도 감은 눈 안쪽에서 바람이 불까
안개가 흘러나올까

도무지 말이 안 되는 밤
그는 늘 작은 목소리로 속삭이듯 말했다

우리는 모두 중독되었다
중독에 목마르다

너는 또 너의 말을 하고

거기까지 가는 동안

거기까지 가는 길은 내가 잘 아는 길
나를 버리고 떠난 사람을 잊으려 애써본다

너를 다시 만나면 무슨 말을 먼저 하게 될까
손을 흔들어 줄까
뒤를 보여줄까

만약 내가 돌이었다면
딱딱한 돌이었다면

동네 한 바퀴

가는 길에 보았다
한낮의 빛과 어둠을
고요와 시끄러움을

오늘도 신발을 바꿔 신고 나왔구나
새로 생긴 물집이 사랑스럽구나

어제는 구름이 옥상 가까이 있었는데
오늘은 멀어지면서 웅크리네

난데없이 검은 구름이 몰려오고
개와 고양이가 연달아 다투고

맨홀 뚜껑은 오늘도 열려 있다
그 어둠 속엔 알 수 없는 깊이가 있고

오늘도 멀리까지는 가지 못했네

그러니 어제 걸었던 길을 오늘도 걸으면
어떤 자세는 어떤 길을 닮아간다

어제의 우울이 오늘 발현될 때
나는 세상의 모든 빛과 어둠을 생각하지
생각하며 길 위에서 휘청이지

동네 한 바퀴는 둥글어서
나는 익숙한 길을 익숙하게
또 빙빙 돌고

오늘은
날 버리고 떠난 사람의
마지막 부고가 도착해 있을지도 모르는 집으로

동네 한 바퀴를

죽지 못하는 시체들의 밤

내 죽음은, 잠들지 못한다

그러니 어떤 이야기에도 귀를 움직여야 돼

자정이 오기 전에 세계가 멸망할지도 몰라
내일의 문이 닫힐지도 몰라

지금 내 몸을 타고 미끄러지는 달빛은
누구의 눈물일까

나는 내가 낯설어서
죽어서도 죽지 못하는구나

썩지 못하고
차가운 입김만 내뿜고 있구나

해설

파산된 낭만의 숲을 걷는 산책자

우대식(시인)

시가 어디서 출발하는가 하는 문제는 시의 내용뿐만이 아니라 형식 더 나아가 시 세계의 근원이 무엇이냐 하는 문제와 맞닿아 있다. 박승출 시인의 이번 시집은 적어도 가시적인 세계를 드러내는 것과는 거리가 있다. 그것은 그의 시가 보이지 않는 세계에 대한 탐구에 바쳐진다는 것을 뜻한다. 시집에 등장하는 일상적 사물이나 풍경도 내면에 새겨진 기억의 조각이나 이미지라는 사실이 그것을 반증한다. 관념에 투영된 사물들은 그만의 방식으로 굴절되어 더러는 냉소적으로 질서화되어 있다. 시를 읽으며 구체적인 사건은 알 길이 없지만 시인만의 깊은 상처가 무의식 속에 도사리고 있음을 느끼게 된다. 시가 어떤 결핍의 소산이라는 말은 이 시집에 어울리는 명제일 터이다. 서술적인 긴 문장 속에 아로새겨진 관념은 독자를 영성의 세계로 이끄는 힘을 발휘하고 있다.

사는 데 이유를 찾으면 못살아

화가 많은 내 친구는 먼 나라의 노래를 좋아하고
유리창 안의 마네킹을 진짜 사람이라 믿는다
불쌍하다며 눈물도 없이 눈동자를 그린다
그러다 또 화를 낸다

그래 이해한다

여름에는 잡풀만 무성하고
겨울이 자꾸 뜨거워지는 이유
겨울에 눈이 오지 않는 이유에 대해

새벽기도 마치고 귀가하다 전원 사망

신은 죽었을까
처음부터 아예 없었을까

죽을 듯이 슬퍼하다가도 배가 고파

국에 말아 밥을 먹는다

그래 이해한다

잘살라는 말도 없이
애인은 떠나버렸고

어제 읽은 책은 제목도 기억나지 않는다
오늘은 다 읽지도 못할 책을 빌리러 또 도서관에 가고

어떤 날, 고양이들은 왜 미친 듯이 길바닥에 납작하게 눌려 있나
떠돌이 개들은 왜 길을 떠돌게 되었을까

지금 내가 보고 있는 별빛은
죽은 빛일까 살아 있는 빛일까

사과를 한입 깨물었는데
안에서 꼬물꼬물, 벌레가 기어나온다
벌레는 나를 이해할까

—「그냥 이유」 전문

시집의 표제작인 이 시는 평범한 서술처럼 보이지만 세계에 대한 심각한 시선을 보여주고 있다. 2연에서 진술은 합리적인 인과성이 위배된 상황을 중심으로 한다. 화가 많은 친구가 먼 나라의 노래를 좋아하고 유리창 안의 마네킹을 진짜 사람이라 믿는다는 비인과적 상황에 대해 시적 화자는 "그래 이해한다"고 답한다. "겨울이 자꾸 뜨거워지는 이유/겨울에 눈이 오지 않는 이유"는 결국 인간의 문명사적 폐단에서 비롯되었을 터인데 그마저도 "그래 이해한다"는 것은 역설적인 맥락은 인간이 구조한 세계에 대한 불신이 바탕이 되어 있다는 것을 보여준다. "신은 죽었을까"라는 근원적 물음이야말로 이 시집 전체를 관통하는 근원적 물음이다. 근대적 기획 이후에 신의 자리는 이미 사라졌지만 인간의 내면에 도사린 불안과 세계의 부조리에 대한 회의는 쉽게 지워지지 않는다. 이 지점이야말로 생각하는 인간 혹은 예술가의 위치이기 때문이다. 신이 사라진 자리를 대신한 신화란 롤랑 바르트의 말처럼 특정한 계층의 세계관 혹은 이데올로기를 자연화 시킨 것이다. 이러한 신화는 권력으로 작동하며 우리 세계를 규율하게 된다. 겨울이 뜨거워지고 눈이 오지 않는 이유도 따지고 보면 문명이라는 이름 아래 자행된 권력의 축적에서 비롯된 결과다. 그러한 점에서 본다면 "그래 이해한다"는 시적 진술은 역설적 의미를 가지게 되는 것이다. "죽을 듯이 슬퍼하다가도 배가 고파/국에 말아 밥을 먹는다"는 것은 육체적 인간의 필연적 모순을 보여준다. 시적 화자는 그것조차도 "그래 이해한다"고 진술하고 있다. 이 모든 긍정은 뒤집어 보면 세계의 질서와 인간의 삶 그 어떤 것도 이해할 수 없다는 근원적 회의에 도달하게 된다. 책을 빌리러 도서관에 가는 시적 화자의 행위를 포함하여 고양이들이 로드킬을 당하고 개들이 떠돌게 된 이유를 묻는 장면은 이 세계는 살 만한 곳이냐는 물음과 등가의 값을 지닌다. 왜 그런지 알 수 없는 공간이 이 세계인 것이다. 시적 화자가 독백처럼 내뱉는 "지금 내가 보고 있는 별빛은/죽은 빛일까 살아 있는 빛일까"라는 물음은 시적 화자의 낭만적 욕망이 투영되어 있다. 이 구절은 루카치의 『소설의 이론』 서문을 떠올리게 한다. "별이 빛나는 창공을 보고, 갈 수가 있고 또 가야만 하는 길의 지도를 읽을 수 있던 시대는 얼마나 행복했던가? 그리고 별빛이 그 길을 훤히 밝혀주던 시대는 얼마나 행복했던가?" 이 글은 종교와 신화를 상실한 서구문명의 몰락을 의미하는 것이다. 같은 선상에서 위 시는 우리 시대에 별처럼 빛나던 삶의 질서와 가치의 상실을 보여준다. 사과 안에서 기어나온 벌레는 존재와 존재의 관계 그리고 사건의 우연성이라는 이해할 수 없는 세계의 형상을 보여준다. 앞에서 말했듯 예술이란 이러한 부조리와 우연에 대한 해석이라 할 수 있다. 알 수 없는 세계에 대한 탐구가 이 시집의 전제 맥락인 셈이다.

내 눈은, 감겨 있다
발바닥만 졸졸 따라다닌다
세상 따위는 아무렇게나 굴러도 상관없고
나는 노래하고 춤추는 걸 좋아하지 않는다
좋아해서 좋아하지 않는다고 말한다
내 입은 성문처럼 굳게 닫혀 있고, 껌처럼 뱉어지지도
않는다

…(중략)…

나나 세상이나
결정된 건 아무것도 없고
흔들어도 흔들리지 않고

시간은 멈춰 있다
죽어가고 있다
나는 나를 위로하지 않고

—「감은 눈」 부분

"내 눈은, 감겨 있다"는 것은 시적 화자의 관심이 보이는 것이 아닌 비가시적 세계에 있다는 것을 명백히 보여준다. "세상 따위는 아무렇게나 굴러도 상관없"다는 진술은 세계가 시적 화자의 의지와는 상관없이 흘러간다는 말이며 더 나아가 억압의 형식으로 작동하고 있음을 보여준다. "좋아해서 좋아하지 않는다"는 역설적인 발화는 세계에 대한 불신을 뜻하는 것이다. "성문처럼 굳게 닫"힌 침묵의 언어는 시적 화자의 입장에서는 저항의 언어인 셈이다. "나나 세상이나, 기억은 기억에 국한되고", "성가신 일은 위험한 일"(「감은 눈」)이라는 시적 진술은 이미 구조된 세계의 억압에 대한 무의식적 반응이라 할 수 있다. 이미 신화화된 사회 구조의 장에 갇혀 스스로 사유하거나 새로운 것에 대한 탐구가 가로막힌 절망의 상태를 보여준다. 이럴 때 "흔들어도 흔들리지 않"는 세계에 대한 자각은 죽음과 같은 의미를 지니게 된다. "나는 나를 위로하지 않"는다는 것은 비극적 포즈의 절정인 동시에 냉철한 자의식의 한 면모라 할 수 있다. 그러한 의미에서 시적 화자에게 산책이란 눈을 감고 마주하는 세계이며 죽음의 시간을 통과하는 의례인 셈이다. "방금 죽은 고양이가 등 뒤에서 둥둥 떠다니는/이상한/이상해서 이상한"(「산책」)에서처럼 이상한 현상들에 대한 목도는 현실에 은폐된 진실이며 그 이상함에 대한 사유가 시적 화자에게는 시의 다른 이름인 셈이다. 그것은 "아무도 안 하는 질문, 오래 입속에서 굴리"(「산책」)는 일로 단독의 사유자가 세계를 사유하는 방식인 것이다.

놀아가고 싶었나 나 혼사라번

등이 땀으로 불쾌한
이런 후끈한 여름날의 오후 산책은 하지 않았을 텐데

그렇지만 이건, 저주가 아닐 거야
축복일 거야
위로일 거야

그러나 우리의 걸음은 바짝 메마르고
우리의 걸음은 어색하고
잡았던 손이 널브러져 있었다
손차양도 없이 서로의 코끝이 빨갛게 익어 가고 있었다

갑자기, 나는 만성비염이 도졌다
낭만적인 날들은 다 지나갔다고
생각했다

—「다시 산책」 부분

시적 화자의 산책은 산과 들 혹은 어떤 자연을 마주한 경건함으로서의 그것이 아니라 "땀으로 불쾌한" 진실을 마주하는 행위이다. 그리고 불쾌한 산책의 경험을 "축복" 혹은 "위로"라고 스스로에게 다짐하는 역설적 고백은 시집 전체에 흐르고 있는 회의적 사고의 방법론인 셈이다. 널브러진 손과 어색한 걸음으로 코끝이 빨갛게 익어 가도록 걷는 산책은 파편화된 세계의 전형적인 모습을 보여준다. "낭만적인 날들은 다 지나갔다"는 선언적 문장은 시적 화자의 지향과 절망을 동시에 보여준다. 이 시집 속에 중요한 상징의 하나인 빛나는 별의 행적을 찾는 행위는 바로 낭만적인 날들에 대한 지향을 보여주는 것일 터이다. 시적 화자에게 산책은 참된 진실이 어떻게 위배되어 가는가와 자신이 "무엇이든 왜곡되지 않기만을 바라는 바보천치가 되어가"(「순수의 벽」)는 것을 확인하는 물리적 공간인 것이다. "얼굴은 나만 없는 건 아니어서 다행이었다/거리엔 얼굴 없는 사람들이 꽤 있었다"(「슬픔에 대하여」)는 진술은 산책을 통한 자기 확인이며 세계의 모습인 것이다. 궁극적으로 시적 화자의 욕망은 자신을 만나고 싶다는 데 끈이 닿아 있다.

저녁은 어둠을 닮아간다
어둠의 모양대로 자란다

당신과 눈이 마주쳤다
당신의 눈 속에서
충혈된 빨간 나무 그림자가 일렁였다

저녁에는 주억이 많지

저녁은 빨리 오고 긴긴 어둠 속을 걷지

꿈속에서 당신을 만났다

시간이 무섭다는 생각
추억이 사라지는 소리

나는 가끔
나를 연습하러 바다에 가곤 한다

—「저녁이 오는 소리」 전문

"저녁"이나 "어둠"은 이 시집의 주요 모티브이며 시간적 배경이다. 그것은 가시적 세계와는 달리 혼돈과 질서를 모두 포용한 현묘한 세계의 형상이기 때문이다. 신화적으로 선택과 배제된 가공의 세계 너머에 우주적 질서가 어둠 속에 내재하고 있다. 어둠 속에서 마주한 "당신"은 분열된 나 혹은 잃어버린 나의 메타퍼이며 현실의 나로 하여금 사유하게 하는 존재이다. 당연히 "당신"은 보이지 않는 세계의 존재이다. "어둠" 혹은 "당신의 눈 속"에서 현현되는 "빨간 나무 그림자"란 포기할 수 없는 진실의 상징인 셈이다. 그 그림자의 일렁임이야말로 시적 화자에게는 진실의 기미이며 흔적인 것이다. "저녁에는 추억이 많지" 그리고 "긴긴 어둠 속을 걷지"라는 진술은 시적 화자의 사유가 발화되는 지점을 명백히 보여준다. 시적 화자의 산책은 어둠을 걷는 일이며 그 가운데의 몽상이야말로 위장된 가시적 세계와는 분별되는 진실을 함유하고 있는 것이다. 때문에 "당신"을 만나는 공간은 "꿈속"에서나 가능한 일이다. 그 몽상이 사라지는 일은 시간이 무섭다는 생각을 끌어오고 추억이 사라지는 소리를 발생시키게 된다. "저녁" 혹은 "어둠"이야말로 "당신" 혹은 나를 만나는 성소이며 그러한 몽상의 기제들이 사라졌을 때 "나는 가끔/나를 연습하러 바다에 가곤" 하는 것이다. 나는 나를 잊지 않기 위해 연습한다는 시적 진술은 자기를 찾아 나선 자의 결의와 씁쓸함을 동시에 보여준다. "바다"란 시간적 의미로서의 어둠을 공간으로 환치해 놓은 것이다. "어둠"이라는 거울을 들고 자신을 찾아가는 것이 시인의 운명인 셈이다. 하여 시인은 "밤을 읽고 밤을 상상하는 사람"(「독서하는 밤」)이라고 스스로를 규정하고 있다. 이 독서 행위는 프로스트의 소설 제목처럼 잃어버린 시간을 찾는 일이며 불편함을 감수한 채 세계의 진실과 마주하는 일이다. 박승출 시인에게 그 불편함이란 가장된 세계에 대한 증오에서 비롯된다.

증오를 감추면 얼굴이 무뎌진다

안부를 묻는다는 건

누군가의 흔들리는 여백 속에 남아 있던
흔적들을 기억하는 일

편지를 쓴다
지구를 한 바퀴 돌아온 햇살이
머무는 아침 창가에서

유리창에 지도를 그리는 버릇이 사라졌다

이야기가 없는 아침은 빨리 녹았다

내 상상은 지구 반대편에서 다시 시작된다

—「안부」 전문

"증오를 감추면 얼굴이 무뎌진다"는 시적 진술은 증오가 하나의 힘 혹은 동기로 작용함을 뜻한다. "얼굴"이라는 상징은 진실을 머금은 나라는 존재라 할 수 있다. 끝없이 허위로 덮인 세계에 대한 증오야말로 나라는 존재를 기억하는 방법론인 셈이다. "안부"가 "흔적을 기억하는 일"이라는 진술은 증오를 통한 얼굴의 보전과 동일한 맥락을 띤다. 왜냐하면 "얼굴"이나 "흔적"은 외부세계로 인해 원형을 파괴당하는 실체들인 까닭이다. "편지를 쓴다"는 행위는 "증오"하는 동시에 "흔적"

을 기억하는 행위의 구체적 실천의 비유물이라 할 수 있다. 그럼에도 세계는 여전히 비정하다. "이야기가 없는 아침은 빨리 녹"는다는 것은 "얼굴"과 "흔적"이 사라지는 한 양태이다. 시적 화자가 끝없이 "증오"하고 "안부"를 물어야 하는 이유이다. 이러한 시적 화자의 태도는 "내 상상은 지구 반대편에서 다시 시작된다"는 도발적인 선언을 성립시키는 것이다. "지구 반대편"이라는 공간은 나의 존재성을 뭉개려는 것들에 대한 증오와 사라지는 "흔적"을 파괴한 것들에 대한 응전의 장이라는 상징적 의미를 띠는 것이다.

박승출 시인의 시 세계는 낭만을 상실한 채 무인도에 파산한 한 척의 배를 연상케 한다. 시 곳곳에 표현된 죽은 고양이와 비루한 비둘기의 이미지는 시인이 바라본 세계의 전형적인 모습이다. 「죽지 못하는 시체들의 밤」이라는 역설은 부조리한 현실의 관념적 형상이라 할 수 있다. 밤의 산책을 통해 감추어진 세계의 진실을 목도하고 가공된 세계로부터 그것을 지키려는 몸부림이 이 시집의 감추어진 의미망이라 할 수 있다. "누군가 내 무덤 위를 걷는다/내 초라했던 한 생을 신화로 깨운다/나는 마침내 다시 살아나는 것이다"(「달이 뜨는 공원묘지」)는 신화적인 욕망은 시인에게 내재한 낭만적 폭발성을 여실히 보여준다. 세계는 여전할 터이지만 세계와의 싸움은 계속되어야 한다.

시인동네 시인선 227

어떤 날의 감정

ⓒ 박승출

초판 1쇄 인쇄 2024년 3월 4일
초판 1쇄 발행 2024년 3월 11일
지은이 박승출
펴낸이 김석봉
디자인 헤이존
펴낸곳 문학의전당
출판등록 제448-251002012000043호
주소 충북 단양군 적성면 도곡파랑로 178
전화 043-421-1977
전자우편 sbpoem@naver.com

ISBN 979-11-5896-635-5 03810

*이 책의 판권은 지은이와 문학의전당에 있습니다.
*양측의 서면 동의 없는 무단 전재 및 복제를 금합니다.
*잘못 만들어진 책은 바꿔드립니다.